SUMANDO y RESTANDO

EN EL CLUB DE MATEMÁTICAS

Please visit our web site at: www.garethstevens.com
For a free color catalog describing our list of high-quality books,
call 1-800-542-2595 (USA) or 1-800-387-3178 (Canada).

Library of Congress Cataloging-in-Publication Data available upon request from publisher.
ISBN-13: 978-0-8368-8488-3 (lib. bdg.)
ISBN-10: 0-8368-8488-4 (lib. bdg.)
ISBN-13: 978-0-8368-8497-5 (softcover)
ISBN-10: 0-8368-8497-3 (softcover)

This edition first published in 2008 by
Weekly Reader® Books
An imprint of Gareth Stevens Publishing
1 Reader's Digest Road
Pleasantville, NY 10570-7000 USA

Copyright © 2008 by Gareth Stevens, Inc.

Managing editor: Dorothy L. Gibbs
Art direction: Tammy West
Photographs: Gregg Andersen

Spanish edition produced by A+ Media, Inc.
Editorial director: Julio Abreu
Chief translator: Luis Albores
Associate editor: Carolyn Schildgen
Graphic design: Faith Weeks

Printed in the United States of America

1 2 3 4 5 6 7 8 9 11 10 09 08 07

SUMANDO y RESTANDO

EN EL CLUB DE MATEMÁTICAS

por Amy Rauen

Fotografías de Gregg Andersen

Consultora de lectura: Susan Nations, M.Ed.,
autora/tutora de alfabetización/consultora de desarrollo de la lectura

Consultora de matemáticas: Rhea Stewart, M.A.,
asesora en contenido matemático

WEEKLY READER®
PUBLISHING

El Club de matemáticas se reúne hoy.

Los niños vienen después de clases.
Juegan juegos de matemáticas.

12

John tiene 12 fichas.

$$12 - 2 = 10$$

Quita 2 fichas.
Ahora tiene 10 fichas.

I

Jin dibuja I círculo en el
pizarrón.

$1 + 2 = 3$

Dibuja 2 círculos más. Ahora hay
3 círculos.

7

Ann juega un juego de contar.
Ella tiene 7 piedras.

$$7 - 3 = 4$$

Ann saca 3 piedras.
Ahora tiene 4 piedras.

4

Jack tiene 4 cubos.

$$4 + 2 = 6$$

Pone 2 cubos más. Ahora tiene
6 cubos.

Los niños están ocupados.
Ellos juegan y aprenden.

Casi es hora de escuchar un cuento.
Guardan sus juegos.

3

Amy jugó con tarjetas. Tiene
3 tarjetas.

$$3 - 3 = 0$$

Guarda 3 tarjetas. Ahora quedan 0 tarjetas.

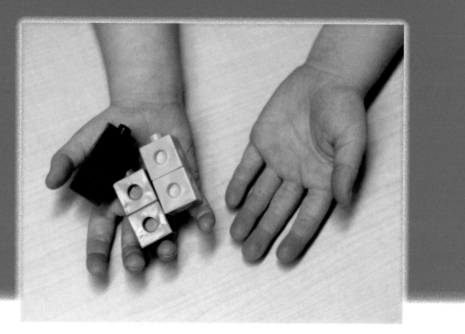

3

Rick toma 3 piezas de un juego.
Ve más piezas.

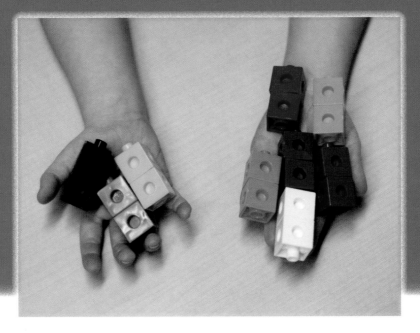

$$3 + 6 = 9$$

Toma 6 piezas más. Ahora tiene
9 piezas.

0

La maestra está lista para leer.
Hay 0 niños en la alfombra.

$$0 + 9 = 9$$

Ahora 9 niños se sientan. Ellos están listos para escuchar.

Todos se divirtieron en el Club de matemáticas hoy.

¡Quieren venir otra vez!

Glosario

es igual a $= 9 - 6 = 3$
9 menos 6 es igual a 3.

más $+ 2 + 3 = 5$
2 más 3 es igual a 5.

menos $- 7 - 5 = 2$
7 menos 5 es igual a 2.

Nota acerca de la autora

Amy Rauen es la autora de 13 libros de matemáticas para niños. También diseña y escribe software educativo. Amy vive en San Diego, California con su esposo y dos gatos.